Ernst Woll

Sammelsurium

Gedichte

Herstellung und Verlag:
BoD - Books on Demand, Norderstedt,
ISBN 9783741252877

Inhalt
Aphorismen

Altersweisheit, Angst, Angst bezwingen, Aufklärung	4
Betrogener Kapitalist, Dichtkunst Ehrlichkeit, Erfahrung, Feste – feste, Geizige	5
Geld und Gesundheit, Guter und böser Alkohol, Kommunikation, Lebenserfahrung	6
Liebe und Hass, Lügen und Betrügen, Neid, Selbstbetrug, Streit bringt Leid	7
Träume, Trost suchen, Vorbildliche Kinder, Wahrheit,	8
Wie wird man zufrieden, Wilde Ehen, Wunden, Zusammenarbeit	9

Weitere Gedichte

Allgemeingut Wasser	10
Angst	11
Außenseiter im Fußballfieber	12
Äußerer Eindruck kann täuschen	12
Autobiographisches	15
Der Andere	17
Erfahrung	18
Er und sie	20
Flucht	21
Gesichter der Kartoffel	22
Gesund ernähren	23
Impfgegner	24
Kampfhunde	25
Kann das so weitergehen?	26

Katzbuckeln und angeben	27
Katzen Pillen verabreichen	28
Nicht nur Schlanke sind gesund	30
Neugier	32
Osterlamm – Braten	34
Politikerreaktion	35
Provoziere nie Tiere	36
Rauchen abgewöhnen ist qualvoll aber……	37
Sachen gibt´s, die gibt´s gar nicht	39
Spuk auf dem Friedhof	40
Stirbt traditionelle Landwirtschaft?	42
Sylvester 1945	44
Teufel Alkohol und die Macht der Liebe	45
Trauer	46
Unwirtlicher Ferienort	47
Verhandlungen anstelle von Gewalt	49
Was Tiere sich wünschen	50
Wermutkraut	51
Zufriedenheit	52

Aphorismen

Alterweisheit

Wer in der Jugend und im Leben nichts gelernt
ist auch im Alter von Weisheit weit entfernt.

Angst

Wer nur mit Vorsicht isst, deshalb von falscher Angst besessen,
verdirbt sich die Freude am guten Essen.

Angst bezwingen

Ich vermag die Angst vorm Sterben etwas zu bezwingen,
wenn mir Gedankenausflüge in die schöne Jugendzeit gelingen.

Aufklärung

Aufklärung schütz vor Fehlhandlungen kaum,
gibt man sachlichen Argumenten keinen Raum.

Betrogener Kapitalist

Wer von seinen Zinsen leben wollt,
gegenwärtig mit den Banken grollt,
denn er muss nun allemal
arbeiten oder an sein Kapital.

Ehrlichkeit

Wer behauptet, nur ehrlich zu sein,
bindet sich schon damit eine Lüge ans Bein.

Erfahrung

Wer oft mit seinem Alter angibt und poussiert,
eine gesunde Beziehung zur Jugend verliert.

Feste - feste

Bist du bei fester Arbeit stets feste mit dabei,
dir feste Feste zu feiern gegönnt auch sei.

Geizige

Sind Geizige ablehnend beim Schenken,
dann liegt das oftmals an ihrem Bedenken,
weil man vielleicht zu ihrem großen Verdruss,
mehr als man bekam, zurückgeben muss.

Geld und Gesundheit

Junge rennen mit der Gesundheit
dem Reichtum und Geld hinterher;
Geld zur Erhaltung der Gesundheit
brauchen sie dann im Alter umso mehr.

Guter und böser Alkohol

Alkohol als Arznei
gut für den Kreislauf sei.
Wer ihn zu oft in Massen genoss
landet häufig in der Goss´.

Kommunikation

Mit ehrlichen Worten kannst du fechten,
jedoch Lügen solltest du ächten.

Lebenserfahrung

Wer mit seinem Schicksal hadert immerfort,
wirft achtlos Lebensfreude über Bord.
„Sag das Beste zu geschehenen Dingen,
dann wird dir Vieles auch gelingen.

Liebe und Hass

Wer nie richtig geliebt,
sondern oft gehasst,
hat im Leben viel Schönes verpasst.

Lügen und Betrügen

Wer es fertig bringt,
durch Schweigen zu lügen,
dem es dazu meistens gelingt,
mit freundlichem Gesicht zu betrügen.

Neid

Wenn manche versuchen ihren Neid zu verbergen,
ist dieser aber an ihrer Mimik und an Gesten zu bemerken.

Selbstbetrug

Willst du im Alter ohne Falten sein,
dann schau nie in einen Spiegel rein.

Streit bringt Leid

Wer gern sucht den Streit,
stiftet dabei oft viel Leid.

Träume

Die Wissenschaft muss weiterhin einräumen,
viel Unbekanntes gibt es noch über das Träumen.
Dabei ist manch Erwachendem oft nicht klar,
waren seine Träume Trugbilder oder wahr?

Trost suchen

Versinkst du in tiefer Trauer,
wird es um dich immer grauer,
dann offenbare deinen Schmerz
guten Freunden mit offenem Herz.

Vorbildliche Kinder

Disziplinierte und Brave
erhalten seltener eine Strafe;
doch Kinder, die nie aufbegehren
lernen nicht, sich auch zu wehren.

Wahrheit?

Ich erhalte mir im Leben
meine eigene, bescheidene Philosophie,
ich akzeptiere es eben:
Die absolute Wahrheit ergründe ich nie.

Wie wird man zufrieden?

Allen, die wohlauf aber unzufrieden
ist schnelle Hilfe zu bieten:
Besucht einen Schwerkranken!
Der hat meistens nur einen Gedanken,
den liest man ab von seinem Mund:
Wie werde ich schnell wieder gesund?

Wilde Ehen

„Wilde Ehen" gab es früher selten oder nicht,
war ein Kind unterwegs, war heiraten Pflicht.
In der DDR war das Heiraten Notwendigkeit
für kürzere „Wohnungszuweisungswartezeit".

Wunden

Es heißt: Zeit heilt Wunden;
sie sind nie ganz verschwunden.
Narben bleiben, es ist das Leid;
dies zu mindern braucht viel Zeit.

Zusammenarbeit

Schnelles denken und Kenntnisse der Jungen plus der
Alten Erfahrung
braucht erfolgreiche Forschung in sinnvoller Paarung.

Allgemeingut Wasser

„Der Wasserträger", das Opernlied,
sagt uns, was ohne Wasser geschieht:
„Ohne Wasser merkt euch das,
wär´ die Welt ein leeres Fass;"
denn Wasser auf unserem Planeten
gehört nach der Schöpfung jeden.
Pflanzen, Tiere und wir könnten nicht leben,
würde es das unentbehrliche Nass nicht geben.
Darum, ihr Leute, kennt ihr´s schon
das Vorhaben der europäischen Union?
Wasserversorgung will man privatisieren,
Wasser würde besonderen Status verlieren,
es könnte Spekulationsobjekt werden,
mit Allgemeingut wäre es aus auf Erden.
Willkürlich könnte man Wasser verknappen
und die Nutzer immer stärker berappen.

Nicht vorstellbar, wo das mal endet,
wenn der Volkszorn es nicht wendet!
Jeder Mensch, das bleibt unbenommen,
muss an bezahlbares Wasser kommen,
trinken, sich zu waschen imstande sein
mit Wasser, das gesund, sauber und rein.
Unsinnige Konkurrenzpläne zu verhindern
sind wir auch schuldig unseren Kindern.
Pflanzen, Tiere und wir könnten nicht leben,
würde es kein Wasser geben.

Angst

Ja, der kleine Heiner,
das ist vielleicht einer!
Mit einem großen Mund
tut er Tapferkeit stets kund.

Doch wenn er beim Spazierengehen
einen Hund in der Ferne schon gesehen
schmiegte er sich ängstlich an die Mama,
die das Tier oft noch gar nicht sah.

Deshalb die Mutter fragt:
„Warum hast du Angst vor Hunden?"
Und klein Heiner darauf sagt:
„Weil du oben bist und ich unten!"

Außenseiter im Fußballfieber

Man schnell die Sympathie verliert,
wenn man sich wenig für Fußball interessiert.
Ich gelte als ein solcher Exot
dem sehr schnell die Ausgrenzung droht,
wenn er in Tagen einer Meisterschaft
sich auch andere Abwechslung beschafft.

Im Fußballrausch wird oft eingebüßt ein klarer Blick;
das nutzen raffiniert die Werbung und die Politik.
Man wirbt geschickt, bietet unnütze Dinge an,
die später niemand mehr gebrauchen kann.
Parlamente arbeiten überall mit großer Hast,
bisher zurück gestellte Gesetze werden nun gefasst.

An die Fußballfans habe ich eine Bitte:
Akzeptiert die Minderheit in eurer Mitte,
die nicht in eure Begeisterung einstimmt
und Fußball als normalen Sport hinnimmt.
Ihr Fans, die Mehrheit findet meine Akzeptanz,
ich verstehe eure Leidenschaft voll und ganz,
wenn ihr nicht zerstört mit bloßem Übermut
häufig Nichtbeteiligter Hab und Gut.

Äußerer Eindruck kann täuschen

Er hockt neben einem Laternenpfahl,
tätowierte Arme, der Kopf ganz kahl,
ein mit Stiefeln bekleideter junger Mann,
dem sieht man den Rechtsextremen an.
Deshalb gehen alle doch viel lieber
an diesem Menschen schnell vorüber,
der sich vermutlich zur Demo getroffen
und sich dabei ganz tüchtig besoffen.

Eine junge Frau, die dachte bestimmt,
dass in diesem Falle was nicht stimmt:
Entweder:
Die Rechten wollen Kameraden sein,
die lassen ihre Kumpel nur selten allein!
Oder :
Als Banden sieht man meist die Rechten,
die doch den Kumpan in ihre Obhut brächten!

So tritt sie an den fast Leblosen heran,
wobei sie keinen Alkohol riechen kann.
Er ist nicht betrunken, wie alle vermuten,
für seine Rettung muss man sich sputen.

Was das Erscheinungsbild hier ausgemacht:
An Zuckerschock hat keiner gedacht!
Bis auf eine Einzige schauten alle weg,
sie dachten, zu helfen hat keinen Zweck
und fast jeder befürchtete außerdem,
dass er sogar Unannehmlichkeiten bekäm´,
weil man Helfenden auch oft Schuld zuschiebt,
darin ist Polizei und Justiz leider heute geübt.

Autobiografisches

Häufig denk ich heute noch daran
als vor 71 Jahren der Frieden begann.
Ich war damals 14 Jahr alt und erfuhr,
es war eine ganz kurze Periode nur
in der auch alle Waffen schwiegen,
dann begann man mit kalten Kriegen.

Mich als Zeitzeuge schon viele fragten:
Welche Gedanken uns damals plagten?
Meine Antwort: Ich war niedergedrückt
aber zugleich erlöst und beglückt;
verloren hatten wir alle den Krieg
aber für die Befreiung war es ein Sieg.

Viel Nazigräuel kam ans Tageslicht,
doch man glaubte es uns aber nicht,
die einfachen Leute wussten zum großen Teil
nichts von diesem grausamen Verbrechen,
das man Menschen in den KZ´s angetan
mit irrer Ideologie und Rassenwahn.

Für mich ein schlimmes Erlebnis war
als ich in Weimar, 1945 im Januar,
auf dem Bahnhof Viehwagen stehen sah
und dann für mich Unfassbares geschah:
Verzerrte Gesichter schauten aus den Luken,
auf die entlang gehende SS-Leute schlugen.

Als ich Erwachsene und den Lehrer fragte,
erinnere ich mich, wie er damals sagte:
„Das sind Verbrecher und Volksverräter.
Zur Umerziehung sperrt man diese Täter
in vom Staat ausgesuchte Lager ein,
das kann nur gut für diese Menschen sein."

Der Andere

Wollen wir richtig verstehen,
wie wir manchmal Andere sehen
müssen wir als erstes erkennen:
Was und wen wir anders nennen.
Das allein kann in diesen Zeiten
schon große Probleme bereiten.
Dunkle Hautfarbe, Sprache mit Akzent,
die man als nicht- europäisch erkennt,
dazu Familienname, der fremd klingt,
bei uns schon ein Anderssein bedingt.
Mit Erstaunen stellt man dann fest:
Der Mensch sich Deutscher nennen lässt.

Sie kommen aus fremdem Land,
heißen Immigrant und Asylant,
damit sind sie Andere, nur geduldet,
eine neue Heimat wäre ihnen geschuldet.
Einige gestehen ihnen das nicht zu
und eine Kluft entsteht im Nu.
Kompliziert ist es auch mit Minderheiten,
die werden überall und zu allen Zeiten
als Andere eingestuft und benannt,
selbst Diskriminierung ist da bekannt.

Erfahrung

Es ist nur schwer zu erklären, wie
erkennt man eine gefährliche Ideologie?
Eine solche zu lehren ist aber auch
an Kindern und Jugend Missbrauch.

Der Nationalsozialismus, na klar,
dass das etwas Verbrecherisches war.
Diese Erkenntnis mir aber erst kam
als dieser ein schreckliches Ende nahm.

Ich war damals ein „deutsches" Kind,
das Nationalstolz sehr gern übernimmt,
der, gepaart mit Überlegenheit gelehrt,
auch von mir kein Hinterfragen erfährt.

Aus dieser Erfahrung erwächst die Sicht:
Kinder, vertraut diesen Menschen nicht,
die von Hass und Feindschaften reden.
Daseinsberechtigung gilt für alle und jeden.

Jeder, von dem ich Näheres wollte wissen
steckte, umgangssprachlich, den Kopf ins Kissen
und alle bedeuteten mir, ich sollte es lassen
mich mit solchen Problemen zu befassen.
Unbeteiligte würden schon seit Jahren
nichts Konkretes über diese Lager erfahren.

Von 3 Männern aus meinem Heimatort
hieß es in der Flüsterpropaganda immerfort,
sie wären 1939 ein Jahr im KZ gewesen,
sie galten seitdem als schweigsame Wesen.
Man riet mir deshalb auch von allen Seiten
ruhig zu sein, sonst würde ich Ärger bereiten.

Er und sie

Gekonnt und mit sehr viel Geschick
setzt er ein, seinen gewinnenden Blick,
um ihr Herz gefühlvoll zu erweichen
und eine Annäherung zu erreichen.

Sie damit aber nichts anzufangen weiß,
deshalb bleibt sie auch kalt wie Eis
und das Ende von dieser Geschicht´:
Happy end, das gab es hier mal nicht.

Flucht

Großer Hund hetzt Katze hinterher,
sie flüchtet auf den Baum ins Geäst.
Hier erwischt er sie nimmermehr
und er scheint deshalb stark gestresst,
denn er bellt unten ganz abscheulich.
Die Katze denkt: „Ich bin geschützt,
was die Natur bietet, das ist erfreulich,
weil es oft Schutzsuchenden sehr nützt."

Die Katze kann klettern und rennen,
kann oben gesichert dann triumphieren,
aber der Hund muss Grenzen erkennen,
denn diesen Kampf wird er verlieren,
wenn die Katze nach gekonntem Fluge
sich festkrallt in des Feindes Genick,
bleibt sie die Stärkere und die Kluge,
die ihre Waffen einsetzt mit Geschick.

Menschen, die vor Kriegsgefahren fliehen,
fehlen meistens Hilfen, die naturgegeben.
Tiere können sich damit Gefahren entziehen,
retten so manchmal instinktiv ihr Leben.
Flüchtlinge in Sicherheit zu bringen,
hierfür reichen also Naturkräfte nicht allein,
das kann jedoch mit Solidarität gelingen
und dazu müssten Denkende in der Lage sein.

Gesichter der Kartoffeln

Kartoffeln auf dem Acker verteilt,
aus der Erde brutal herausgerissen,
große, kleine, nun hat es alle ereilt,
auf Bänder, in Behälter geschmissen.
Keine Knolle einer anderen gleicht,
jede hat ihr besonderes Gesicht;
sie haben die Verkaufsstelle erreicht,
liegen in Netzen dicht an dicht.

Wenn die Kartoffeln reden würden
könnten sie uns vieles erzählen:
Von ihrem Aussehen und Bürden,
auch, wie wir Menschen sie quälen.
Manche sind glatt oder bucklig, faltig,
Keimansätze – Augen - haben sie alle,
ihre Inhaltsstoffe sind sehr mannigfaltig,
sehen können sie aber in keinem Falle.
Menschen würden es nicht überstehen
so wie Kartoffeln weich zu kochen,
bei dieser Redewendung ist nicht zu übersehen
mit vielem Reden werden Standpunkte gebrochen.

Sehr bekannt ist auch der Spruch:
„Wie eine heiße Kartoffel lass ich dich fallen",
der uns zeigt einen Freundschaftsbruch
wie Weichgekochtes schnell kann zerfallen.

Gesund ernähren

Alle wollen sich gesund ernähren,
wissen selten, wie man das kann.
Man vermag sich kaum zu wehren
gegen den guten Rat von jedermann.

Purer Vegetarismus und Veganismus
seien gesund und sehr zu empfehlen,
doch will das auch unser Organismus
wenn dann natürliche Nährstoffe fehlen?
Bioprodukte gepriesen, sehr geschätzt,
seien von allen Schadstoffen frei;
häufig man aber die Regeln verletzt
und mit dem Natürlichen ist es vorbei.

Gesund sich ernähren, heißt vor allem
nicht Hunger und Durst zu leiden,
nicht in Übertreibungen zu verfallen
und maßvoll zu essen in allen Zeiten.
Hunger besiegen ist denkbar auf Erden;
wir Menschen müssen es nur wollen;
nicht wegwerfen, sinnvoll verwerten
heißt Nahrungsmitteln Achtung zollen.

Die Natur zeigt uns auf ihre Art
vor allem mit Beispielen bei Tieren,
die ihr Fressinstinkt davor bewahrt,
die Balance nicht zu verlieren.

Impfgegner

Warum lässt man Impfgegner agieren,
unaufgeklärte Menschen mobilisieren,
für haltlose unbewiesene Thesen werben,
durch Impfunterlassung aber Menschen sterben?

Hier fühle ich mich vom Staat betrogen,
Freiheitsgedanken klingen da verlogen;
Impflücken können uns alle gefährden,
die nur durch Impfpflicht beseitigt werden.

Welcher Erfolg Impfungen waren
ist bewiesen seit vielen Jahren,
viele Infektionskrankheiten sind besiegt,
was bestätigt generell an Impfungen liegt.

Gefahren und Angst verbreiten
nur noch diese Infektionskrankheiten,
bei denen nach heutigen Wissensstand
Impfmethoden noch unbekannt.

Schweinepest und andere Tierseuchen,
deren Tilgung waren auch nur zu erreichen
weil man unbeirrt durchgängig impfte,
niemand die Befürworter beschimpfte.

Kampfhunde

Der Kampfhund zeigt fletschend sein Gebiss,
ihm wurde zu kämpfen und zu beißen gelehrt,
jetzt zeigt sich Wolfsart erneut, offen, gewiss,
gezähmter Haushund wurde völlig umgekehrt.

Menschen demonstrieren gern ihre Macht;
Kampfhunde sollen ihren Besitz bewachen;
hierfür hat man Hunde zu Bestien gemacht,
verträgliche Mitgeschöpfe werden Sachen.

Wer immer denkt, es liegt an den Rassen,
dem sei gelungene Domestikation erklärt,
unser Verstand kann es durchaus erfassen,
wie man mit bester Tierzähmung verfährt.

Großes Gezeter, Vorwürfe und lautes Geschrei,
wenn der Kampfhund, wie gelernt, zugebissen,
es ist aber zu spät, alles ist schon lange vorbei,
notwendig wäre vorher menschliches Gewissen.

Kampfhundattacke: Folge: Das Opfer ist tot.
Bestraft wird der Hund, rücksichtslos, brutal,
Bestrafung dem Halter, der die Ursache bot,
das, was dieser dem Tier lehrte, war illegal.

Kann das so weitergehen?

„Im Mittelpunkt", hört man reden,
„steht der Mensch ja so wie so,
man könnte ihn deshalb treten
von allen Seiten und in den Po".
Erobert hat er den Vorrang nur,
wobei er sich über vieles erhob,
weil er oft eingriff in die Natur
und das Gleichgewicht verschob.

So will man jetzt die Welt nun retten,
doch in vielen Fällen ist es zu spät,
man hat an zahlreichen Stätten
nur geerntet und nicht wieder gesät.
Nachhaltigkeit ist das Verlangen,
die man nicht immer unterstützt,
weil viele um ihre Gewinne bangen,
Rohstoffvergeudung hat ihnen genützt.

Katzbuckeln und angeben

Wer sich vor der Obrigkeit beugt
ist häufig zum Nachgeben bereit,
desgleichen hofft er, nirgends anzustoßen
und fürchtet sich auch vor allem Großen.

Jedoch bleiben diese permanenten Ducker
im Selbstwertgefühl ganz arme Schlucker.
Zeigt sich indessen jemand überheblich,
wartet er auf Anerkennung vergeblich.

Katzen Pillen verabreichen

Verabreicht man Katzen Pillen,
muss man brechen deren Willen,
denn sie wollen es nicht verstehen,
alles soll zu ihrem Wohl geschehen,
dass sie – behütete Lebewesen -
durch die Arzneien schnell genesen.
Groß die Schäden oft schon waren
riskierten Unkundige dies Verfahren,
das mit dem Fangen der Katzen startet,
die meist schon ahnen was sie erwartet.

Wählt man keinen sicheren Ort
ist gar schnell die Katze fort
oder sie hängt in den Vorhängen,
kann sich hinter Schränke zwängen,
springt über Sofa, Sessel, Tisch,
ins offene Aquarium zu `nen Fisch
um dessen Leben muss man bangen,
die Katze nass, ist aber nun gefangen.
Das alles war das Vorspiel nur,
jetzt beginnt die richtige Tortour:

Schützen muss man sich vor allem
vor den scharfen Katzenkrallen,
es ist deshalb sehr vorteilhaft
die Tiere in einen Stiefelschaft
sicher und fest so zu arretieren,
um am Kopf nun zu hantieren.
Im Übrigen ist noch zu erwähnen
das Katzengebiss mit spitzen Zähnen.
Man sollt´ es deshalb unterlassen
schutzlos ins Katzenmaul zu fassen

Zweckmäßig ist es stattdessen,
man gibt die Pillen in das Fressen!
Man erobert dann mit diesem Trick,
der Katze Gunst sehr schnell zurück.
Glücklich sind nun Mensch und Katze,
die zeigt ohne Krallen ihre Tatze,
ihr ist die große Angst genommen
und lässt sich mühelos beikommen.
Und die Moral von der Geschicht´,
martere deine Katze nicht!

Nicht nur Schlanke sind gesund

Alle Menschen haben einen Bauch,
einige sogar einen dicken, runden,
woher, das weiß man wohl auch,
sie sind des Konditors gute Kunden,
doch man muss es auch erwähnen
unschuldig werden manche dick,
bei ihnen liegt es an den Genen
als unumgängliches Missgeschick.

Warum sagt man: „Schön schlank"
aber kaum „wunderbar beleibt"
dick verbindet man gern mit krank,
für gesund, dann nur hager bleibt?
Gilt das auch für die dicken Alten,
die allzeit wenig krank nur waren?
Die immer als lebensfroh galten
und missachteten die „Essensgefahren".

Alt, dick und noch sehr beweglich
sind keine Ausnahmen mehr,
solange die Pfunde erträglich
geht es mit Wohlfühlen einher.
Kontrolliert wird mit Waagen,
besser geschieht es mit ansehen,
wenn wir zuviel Fett in uns tragen,
wollen wir es uns kaum eingestehen.

Eine Frau hatte ein „Abnehmziel."
Sie ging in eine Fleischerei.
Wollte genau wissen wie viel
eine bestimmte Fettmenge sei.
Verlangte 5 kg Schweinespeck,
schaute sich es an und meint:
„Bringt die Masse wieder weg,
die mir an mir undenkbar erscheint."

Und die Moral von dem Gedicht:
Wichtig bleibt das „Wohlfühlgewicht".

Neugier

Besonders Kinder aber fast jeden
reizt es mal, Verbote zu übertreten.
So wagte sich Rieke, das kleine Luder
verbotenerweise an Vaters Computer.

Einschaltknöpfe wusste sie zu bedienen.
Als auf dem Bildschirm Bilder erschienen
hat sie sich die Finger fast wund gerieben,
die Symbole ließen sich nicht verschieben.

Was ist das für ein altmodisches Gerät
wo fast alles nur mit Schaltern geht?
Vom großen Bruder das neue Smartphon
ist da in der Bedienung besser schon.

Jetzt wird die Sache aber verzwickt
wodurch die Kleine sehr erschrickt.
Auf dem Desktop erscheint Vaters Gesicht,
das sogar noch richtig zu ihr spricht:

„Ich kenne dich als neugierig immerzu,
dir lässt es keine Ruh, was am PC ich tu,
darum hab ich Sicherungen eingebaut,
zu wissen, wer verbotenerweise schaut.

Du denkst, dass das Gerät unmodern sei,
gleich zaubert es aber ein Bild herbei
auf dem du in einen Spiegel blickst
und flehende Blicke um dich schickst.

Denn es wird jetzt dir und niemanden gelingen
alles nur mit kreisenden Fingern zu bezwingen."
Nicht nur das Kind, auch wir erschrecken,
denn gar nichts lässt sich mehr verstecken.

Osterlamm - Braten

Geburt heißt: Leben schenken;
das gilt auch bei Osterlämmern.
Jedoch muss ich dabei daran denken:
Geschlachtet dienen sie zum Schlemmern.
Lämmerbraten schmeckt gar manchem gut,
weil er auch zum christlichen Osterfeste
auf einem althergebrachten Brauch beruht.

Selten gibt es schlechtes Gewissen.
Man verdrängt beim guten Gerichte
meist vom ersten bis zum letzten Bissen
die sehr traurige Lebensgeschichte
von den muntren, quirligen Tieren,
die geboren wurden, um jung zu sterben,
für unseren Genuss das Leben verlieren,
uns aber kaum den Appetit verderben.

Politikerreaktion

Erfreulich, dass es Kabarettisten wagen,
Politikern bisweilen Wahrheiten zu sagen.
Einige haben aber auch ein dickes Fell
und reagieren dann oft gar nicht schnell
und dazu ausweichend auf schwierige Fragen.

Politiker, die uns vor der Wahl belügen,
uns meistens auch hinterher betrügen.
Bei diesen muss man gründlich bedenken:
Soll man erneut Vertrauen schenken,
oder sie durch Machtentzug nun rügen?

Provoziere nie Tiere

Unser Dackel und der Nikolaus
kamen nicht besonders miteinander aus.
Unsere 4 Kinder sahen diesen Mann
aber als gar nicht gefährlich an,
sie wollten, dass er es deutlich erkennt,
wie brav sie waren, besonders im Advent.

Das mit dem Bart verdeckte Gesicht
gefiel unserem Hunde sichtlich nicht;
sah er gar den Mann mit der Rute hantieren,
konnte er schnell alle Geduld verlieren.
Er hat dann sogar einmal zugebissen
und den Mantel vom Nikolaus zerrissen.

Warum haben wir es aber geduldet,
dem Tier keinen Respekt geschuldet,
es beim Niklausbesuch in Rage gebracht?
Weil es uns Menschen hat Spaß gemacht!
Ein großer Fehler, deshalb glaubt es mir:
So etwas macht man nicht mit einem Tier!

Und aus dem Gedicht die Lehren:
Wir müssen uns auch dagegen wehren
gegenüber Tieren egoistisch zu sein,
oft merken wir das erst im Nachhinein!
Es bedeutet für uns, Vernunft zu verlieren
wenn wir Tiere grundlos provozieren.

Rauchen abgewöhnen ist qualvoll aber nützlich

Als ich einst noch Zigaretten geraucht
habe ich dafür viel Geld gebraucht
und sehr häufig darüber nachgedacht,
was man mit dem vielen Zaster macht,
wenn man könnte das Laster aufgeben
und beginnen ein gesünderes Leben.

Siebenundvierzig Jahre ist es nun bald,
ich war in jener Zeit 36 Jahre alt,
als ich den festen Entschluss gefasst:
Keine Zigarette wird mehr angefasst!
Aber ich verkünde es nun allerorten:
Mein Erspartes ist nicht größer geworden.

Ich beschreibe es, denke heute noch dran
wie damals plötzlich mein Martyrium begann:
Als ich anfing, mir das Rauchen abzugewöhnen
hörten die Mitmenschen mein lautes Stöhnen.
Ich war seinerzeit allein auf mich gestellt
und schimpfte auf die erbarmungslose Welt.

In den Verzichttagen lagen Zigaretten griffbereit,
und ich sagte mir allezeit:
„Lass dich nicht von deiner Sucht verführen,
du darfst den Klimmstängel nicht anrühren."
Ausreden und Tricks sollten mir dabei nützen,
selbst Handschuhe mussten vorm Anfassen schützen!.

Die Verführung zum Paffen war stärker zu Haus´
deshalb ging ich viel häufiger als sonst abends aus.
Ich mied alle bisher beliebten Geselligkeiten,
wo man mich konnte zum Rauchen verleiden.
Ich ging in Kinos, dort war Rauchverbot,
verdrängte mit Zwang meine große Not.

Heute finden die „Abgewöhungsbereiten"
Unterstützung von allen möglichen Seiten,
sogar medizinische Hilfe wird empfohlen,
man kann sich Rat von Fachkundigen holen.
Ich aber ging damals allein mit Willensstärke
bei meinem „Abgewöhnungskampf" zu Werke.

Zieh ich nunmehr die bisherige Bilanz,
bin ich heut mit mir zufrieden voll und ganz,
durch Rauchverzicht gewann ich kein Geld
aber bessere Gesundheit hat sich eingestellt.
Verzeihung, Raucher, nehmt es mir nicht krumm:
„Wer weiter raucht, bringt sich selber um!"

Sachen gibt´s, die gibt´s gar nicht

Weinende Lacher,
lautlose Kracher,
gehende Steher,
blinde Seher,
sprechende Stumme,
gescheite Dumme,
wohlriechende Stinker,
langsamer Flinker,
hörender Tauber;
all das wäre Zauber,
an den nur glaubt,
wer des Wissens beraubt.

Spuk auf dem Friedhof

Es ist nunmehr schon viele Jahre her
da hatten es Handwerksburschen schwer,
denn ohne genaue Landkarten galt´s
sich zu recht zu finden auf der „Walz".

Sich auf Wegbeschreibungen verlassen,
Orientierungspunkte nicht verpassen,
das war oft schon sehr kompliziert:
Umwege waren vorprogrammiert.

Sein Weg zu Herberge war heute weit.
Die Nacht kam und im Nacken saß die Zeit.
Wege durch Friedhöfe er sonst mied,
zwangsläufig er sich aber nun dafür entschied.

Aus den Wolken kommt der Mond hervor,
da schreitet er beherzt durchs Friedhofstor.
Er flüstert: „Geister lasst mich in Ruh,
ich gelobe, dass ich euch auch nichts tu."

Da stellt sich Angst schon wieder ein,
was mag vor ihm die weiße Wolke sein?
Sofort erinnert er sich wieder daran:
Gespenster haben weiße Kittel an.

Mutig geht er auf die Erscheinung zu,
die entfernt sich aber weiter immerzu.
Sie treibt mit ihm ein böses Spiel,
ihn ins Grab zu locken scheint ihr Ziel.

Ein stärkerer Wind, der kommt jetzt auf,
nun nimmt das Ereignis seinen Lauf.
Er sieht wie der Geist größer, kleiner wird,
davon schwebt und ihn ganz verwirrt.

Er beginnt zu rennen, will Klarheit haben,
da stürzt er plötzlich in einen Graben.
Das Gespenst entfernt sich immer mehr;
er kommt wieder auf, spurtet hinterher.

Immer größer wird nun seine Pein
das kann doch nicht sein Lebensende sein?
Eine Mauer, das Gespenst wird gestoppt;
Er sieht: Seine Phantasie hat ihn gefoppt.

Vor ihm liegt ein weißes Stück Papier,
das fand sein weiterschwebendes Ende hier.
Vom Wind getrieben, Mond beschienen
war es ihm als Gespenst erschienen.

Stirbt traditionelle Landwirtschaft?

Bauernsöhne hatten früher die Wahl,
heute dagegen ist es für sie oft eine Qual
für den geerbten Hof eine Frau zu entdecken,
und ihr Interesse für die Landwirtschaft zu wecken.

Auch wenn Bauerntöchter Höfe erben
müssen sie suchen und heftig werben,
um einen passenden Mann aufzutreiben,
damit die Güter in Familienbesitz bleiben.

Dabei ist es in Bauernhöfen heute gelungen
zu entwickeln manche Arbeitserleichterungen,
so dass es seit langem schon Vergangenheit ist
in Feld und Stall zu arbeiten per Gabel mit Mist.

Jedoch gibt es auch noch weit und breit
heut´ in der Landwirtschaft viel Handarbeit,
dies und Tierbetreuung rund um die Uhr
betrachten Viele als nicht zumutbare Tortur.

Dem Ziel, landwirtschaftliches Erbe zu erhalten
in Deutschland schon diskrepante Gesetze galten:
Das LPG-Gesetz hat dabei einiges zunichte gemacht
und auch das Erbhofgesetz hatte keinen Erfolg gebracht.

So wird aber jetzt die traditionelle Landwirtschaft
vermutlich auch dadurch bald abgeschafft,
dass sich Bauern als Ehepaare nicht mehr binden,
weil sie in bäuerlichem Milieu keine Erfüllung finden.

Sylvester 1945

1945, ich erinnere mich,
der Krieg
mit seinen gefährlichen Waffen
war gerade erst vorbei,
da gingen Sylvester
Menschen zu Werk´
mit einem Freudenfeuerwerk.

Über den Ruinen sah es gespenstisch aus,
trotzdem breitete sich Hoffnung aus.

Teufel Alkohol und die Macht der Liebe

Er zeigte sich willig, voller Güte;
wie er sich aber auch bemühte;
gern hätte er dem Alkohol entsagt,
weil Delirium ihn zuweilen plagt.

Er sagt: „Was wollt ihr immer nur,
freiwillig mach ich jede Entziehungskur,
erlerne bei allen wieder was hinzu,
was ich als unerfüllbar dann ab tu´."

Mit 40 wird ihm alsdann prophezeit,
verkürzen würde er seine Lebenszeit,
unheilbar sei er nunmehr außerdem,
wenn er nicht bald zum Umdenken käm´.

Da läuteten bei ihm einige Glocken.
Solche Worte, die können schon schocken!
Schafft er es wirklich nun allein
und lässt das Saufen für immer sein?

Alleine hätte er es nicht fertig gebracht.
Eine Frau hat aber das Wunder vollbracht,
sie nahm den Willigen in ihre Obhut
und durch eine Liebe wurde alles gut.

Trauer

Vermutlich ist es nicht zu verhindern,
dass manchmal Eltern den Kindern
nachschauen müssen in das Grab,
Ursache, schwere Erkrankung es gab.
Plötzliche Unfälle sind auch nicht selten.
Zusammenbrechen seelische Welten -
es denken die Mütter und Väter dann:
Eigentlich wären doch wir Alten dran.

Unwirtlicher Ferienort

Viele winzig kleine Bakterien
wollten gern mal in die Ferien.
Sie lebten im menschlichen Darm,
ihrer Umgebung fehlt jeder Scharm.
Und es kann sie auch immer stressen
Nahrung von denen, die viel essen,
bei diesen unbekömmlichen Sachen
immer verdauungsfähig zu machen.
So beschlossen sie ganz spontan:
Wir verlassen diesen engen Darm.

Ganz plötzlich ist es ihnen geglückt,
sie werden nach draußen geschickt,
in eine Klärgrube fallen sie hinein,
soll das vielleicht der Ferienort sein?
Das hatten sie sich anders vorgestellt!
Sie kommen in eine unbekannte Welt
in der sie schmutziges Wasser umgibt;
alles wird gewirbelt, zerkleinert, gesiebt.
Wie Blauäugig waren sie bisher nur?
Hier ist von Urlaubsfreuden keine Spur!

Hier müssen sie ums Überleben bangen,
wissen nicht wo sie noch hingelangen.
Nur gut, dass sie so unendlich viele sind
sie trauern nicht um jedes getötete Kind.

Sie vermehren sich durch gekonntes Teilen
und ihre Tätigkeiten vernichten und heilen.
Nur eines, das können sie nun nicht verstehen,
dass die Menschen gern in die Ferien gehen,
die sie als das schönste im Jahr benennen
wobei sie oft das, was sie erwartet, nicht kennen.

Verhandlungen anstelle von Gewalt

Lasst von mir aus die Worte prasseln
aber unterlasst das Säbelrasseln.
Gewalt erzeugt immer wieder Gewalt.
Bietet diesem Teufelskreis ein Halt:
Auf Vernichtungswaffen verzichten
und dann diese auch alle vernichten.

Ich weiß, dass das Illusionen sind,
wenn man keine Allianz gewinnt,
um auch die Rüstungsindustrie
schrittweise zu zwingen in die Knie,
indem Staaten, die Frieden ersehnen,
Waffen Im- und Exporte ablehnen.

Konflikte lassen sich niemals lösen,
nur zu erklären, Andere seien die Bösen,
denn Mensch, sehe deshalb ein, du bist
sehr oft ein unversöhnlicher Egoist.
Nur wenn Mächtige der Welt das überwinden
lässt sich ein friedliches Miteinander finden.

Bekämpft werden mit allen Mitteln müssten
jedoch nicht zu belehrende Terroristen.
Dabei ist es unerlässlich an der Zeit,
dem IS die Geldquellen zu sperren, weltweit.
Trotz Pressefreiheit haben Medien zu garantieren,
dass Berichte nicht zu falscher Propaganda führen.

Was Tiere sich wünschen

Beherrschten Haustiere unsere Sprache, könnten wir sie fragen:
„Was würdet ihr zu unserem richtigen Umgang mit euch sagen?"
Ihre übereinstimmende Antwort wäre klar, ganz allgemein:
„Lasst uns eure Mitgeschöpfe, dabei aber immer Tiere sein."

Wermutkraut

„Was bitter auf der Zunge
ist gut für den Magen",
hörte ich als kleiner Junge
oft meine Großmutter sagen.
Das ist nun schon 75 Jahre her.
Man weiß heute bestimmt mehr
wie Kräuter und Pflanzen zuweilen
besser als unnatürliche Stoffe heilen.

Aber ehrlich ich es heute gesteh',
ein Gräuel ist mir der Wermuttee,
weil er jedoch sehr bitter schmeckt
hat er einen großen Heileffekt.
Ich behaupte deshalb unumwunden
mit Wermut hat man das Kraut gefunden,
das Magenverstimmungen kuriert
und zu keinen Nebenwirkungen führt.
Wermut und Beifuss ähneln sich sehr,
eine Verwechslung ist deshalb folgenschwer.
Bitter schmeckt es, wenn in den Gänsebraten
versehentlich Wermutstängel geraten.

Zufriedenheit

Auf Zufriedenheit
richtete sich heute mein Sinnen
und ich merke: Nebst Bescheidenheit
ist das das ein großes Glück.